Martin Luther

**Die Wittemberger Nachtigall**

Geistliche Lieder

Martin Luther

**Die Wittemberger Nachtigall**
*Geistliche Lieder*

ISBN/EAN: 9783743666603

Hergestellt in Europa, USA, Kanada, Australien, Japan

Cover: Foto ©Thomas Meinert / pixelio.de

Weitere Bücher finden Sie auf **www.hansebooks.com**

# Die Wittemberger Nachtigall.

## Martin Luthers Geistliche Lieder.

Jubiläumsausgabe
von
Karl Gerok.

Mit Donndorf's Lutherbüste.

Stuttgart.
Verlag von Carl Krabbe.
1883.

Druck von Gebrüder Kröner in Stuttgart.

# Inhalt.

|   | Seite |
|---|---|
| Die Wittemberger Nachtigall | 1 |
| I. Martin Luthers Vorrede auf alle guete Gesangbücher | 5 |
| II. Geistliche Gesangbuchlein | 8 |
| III. Geistliche Lieder | 11 |
| IV. Christliche Gesäng Lateintsch und Dentsch | 14 |
| V. Geistliche Lieder | 26 |

Martin Luthers geistliche Lieder.

1. Ein Lied von den zween Märterern Christi . . 33
2. Ein Danklied für die höchsten Wohlthaten, so uns Gott in Christo erzeigt hat . . . . . . . 39
3. Der 130ste Psalm . . . . . . . . . . . . 43
4. Der 12te Psalm . . . . . . . . . . . . 46
5. Der 14te Psalm . . . . . . . . . . . . 49
6. Der 67ste Psalm . . . . . . . . . . . 52
7. Ein Lobgesang von der Geburt unsers Herrn Jesu Christi . . . . . . . . . . . . . . 54
8. S. Johannis Hussen Lied . . . . . . . . 57
9. Ein Lobgesang auf das Osterfest . . . . . . 60
10. Ein Lobgesang vom heiligen hochwürdigen Sakrament . . . . . . . . . . . . . . 61
11. Der Ostergesang . . . . . . . . . . . 63
12. Die zehn Gebote Gottes (das längere Lied) . . 66
13. Die zehn Gebote Gottes (kürzer gefaßt) . . . 70
14. Nun komm, der Helden Heiland! . . . . . 72

|     |                                                      | Seite |
| --- | ---------------------------------------------------- | ----- |
| 15. | Christum wir sollen loben                            | 74    |
| 16. | Komm, Gott Schöpfer, heiliger Geist                  | 76    |
| 17. | Komm, heiliger Geist, Herre Gott                     | 78    |
| 18. | Der 128ste Psalm                                     | 80    |
| 19. | Mitten wir im Leben sind                             | 82    |
| 20. | Der Lobgesang Simeons, des Altvaters                 | 85    |
| 21. | Der christliche Glaube                               | 87    |
| 22. | Gott der Vater wohn uns bei                          | 89    |
| 23. | Der 124ste Psalm                                     | 92    |
| 24. | Nun bitten wir den Heiligen Geist                    | 94    |
| 25. | Das deutsche Sanctus                                 | 96    |
| 26. | Der 46ste Psalm, Ein feste Burg                      | 98    |
| 27. | Verleih uns Frieden                                  | 100   |
| 28. | Der Lobgesang                                        | 101   |
| 29. | Ein Kinderlied auf die Weihenachten vom Kindelein Jesu | 104 |
| 30. | Ein Lied von der heiligen christlichen Kirchen       | 108   |
| 31. | Das Vater Unser                                      | 110   |
| 32. | Ein geistlich Lied von unsrer heiligen Taufe         | 113   |
| 33. | Ein Kinderlied                                       | 117   |
| 34. | Was fürcht'st du, Feind Herodes                      | 118   |
| 35. | Ein geistlich Lied auf die Weihenachten              | 120   |
| 36. | Abendlied                                            | 122   |
| Anmerkungen |                                              | 123   |

## Die Wittemberger Nachtigall.

Nun, Wittemberger Nachtigall,
  Laß klingen deinen süßen Schall,
Laß schmettern deinen hellen Schlag,
Ob ihn dein Volk noch hören mag.

Vor Zeiten, da dein Lied erscholl,
Wie ward die Welt so freudevoll,
Der Winter floh, ein Frühling kam,
Ein Gnadensommer wonnesam.

Der Odem, der dein Herz geschwellt,
War Gottes Geist vom Himmelszelt,
Der füllte dich mit heil'ger Brunst,
Der lehrte dich die holde Kunst.

Dein Labequell, dein Liederhort,
Das war das lautre Gotteswort,
Draus hast du deinen Geist geletzt,
Die Kehle dir zum Sang genetzt.

Die Rose, die dein Lied besang,
In Gottes Paradies entsprang,
Auf Bethlems Flur aus Dornen sproß,
Den Purpurkelch am Kreuz erschloß.

Deß machtest du die Herzen froh,
Der Wahn entwich, die Nacht entfloh,
Der Welt ging auf ein neuer Schein:
Aus Gnaden sollt ihr selig sein!

Du bringst den Kindlein gute Mähr:
„Vom Himmel hoch da komm' ich her!"
Du machst getrost der Greise Sinn:
„Mit Fried und Freud' ich fahr' dahin!"

Da sich dein Psalm gen Himmel hob,
Ward König David froh darob,
Die Engel Gottes stimmten ein:
„Nun freut euch liebe Christeng'mein!"

Den Feind verdroß dein Saitenspiel,
Daß er darein mit Donnern fiel,
Doch jubelnd klang's, dem Sturm zum Spott:
„Ein feste Burg ist unser Gott!"

Des Knaben Sang zu Eisenach
Der edlen Frau zum Herzen sprach,
Des Mannes Lied erscholl bis Rom,
Drob zitterte Sankt Peters Dom.

Am frohen Tag, im Freundeskreis,
Zur Laute sangst du Gottes Preis,
Am Tag des Streits, im hellen Zorn,
Sprang himmelan dein Liederborn. —

Nun, Wittemberger Nachtigall,
Laß klingen deinen süßen Schall,
Laß schmettern deinen hellen Schlag,
Ob ihn dein Volk noch hören mag.

Karl Gerok.

I.

## Martin Luthers Vorrede auf alle guete Gesangbücher.

### Frau Musika.

Für allen Freuden auf Erden
Kann Niemand kein feiner werden,
Denn die ich geb mit meim Singen
Und mit manchem süßen Klingen.
Hie kann nicht sein ein böser Muth,
Wo da singen Gesellen gut;
Hie bleibt kein Zorn, Zank, Haß noch Neid,
Weichen muß alles Herzeleid;
Geiz, Sorg und was sonst hart anleit,
Fährt hin mit aller Traurigkeit.
Auch ist ein Jeder deß wohl frei,

Daß solche Freud kein Sünde sei,
Sondern auch Gott viel baß gefällt,
Denn alle Freud der ganzen Welt:
Dem Teufel ist sein Werk zerstört
Und verhindert viel böser Mörd.
Das zeugt David, des Königes That,
Der dem Saul oft gewehret hat
Mit gutem süßen Harfenspiel,
Daß er in großen Mord nicht fiel.
Zum göttlichen Wort und Wahrheit
Macht sie das Herz still und bereit,
Solches hat Elisäus bekannt,
Da er den Geist durchs Harfen fand.
Die beste Zeit im Jahr ist mein,
Da singen alle Vögelein,
Himmel und Erden ist der voll,
Viel gut Gesang da lautet wohl.
Voran die liebe Nachtigall
Macht Alles fröhlich überall
Mit ihrem lieblichen Gesang,
Deß muß sie haben immer Dank.
Viel mehr der liebe Herre Gott,
Der sie also geschaffen hat,
Zu sein die rechte Sängerin,

Der Musicen ein Meisterin.
Dem singt und springt sie Tag und Nacht,
Seins Lobes sie nichts müde macht:
Den ehrt und lobt auch mein Gesang
Und sagt ihm ein ewigen Dank.

## II.

### Geistliche Gesangbuchlein.

Tenor.

Wittemberg. M. D. xxiiij.

Vorrede Martini Luther.

Daß geistliche Lieder singen gut und Gott angenehm sei, acht ich, sei keinem Christen verborgen, dieweil Jedermann nicht allein das Exempel der Propheten und Könige im alten Testament (die mit Singen und Klingen, mit Dichten und allerlei Saitenspiel Gott gelobt haben), sondern auch solcher Brauch, sonderlich mit Psalmen, gemeiner Christenheit von Anfang kund ist. Ja auch St. Paulus solchs 1. Kor. 14. einsetzt, und zu den Kolossern gebeut, von Herzen dem Herrn singen geistliche

Lieder und Psalmen, auf daß dadurch Gottes
Wort und christliche Lehere auf allerlei Weise
getrieben und geübt werden.

Demnach hab ich auch, sampt etlichen An=
dern, zum guten Anfang und Ursach zu geben
denen, die es besser vermügen, etliche geistliche
Lieder zusammenbracht, das heilige Evangelion,
so itzt von Gottes Gnaden wieder aufgangen
ist, zu treiben und in Schwank zu bringen,
daß wir auch uns möchten rühmen, wie Moses
in seim Gesang thut, Exo 15., daß Christus
unser Lob und Gesang sei und nichts wissen
sollen zu singen noch zu sagen, denn Jesum
Christum, unsern Heiland, wie Paulus sagt
1. Kor. 2.

Und sind dazu auch in vier Stimme bracht,
nicht aus anderer Ursach, denn daß ich gerne
wollte, die Jugend die doch sonst soll und muß
in der Musica und andern rechten Künsten
erzogen werden, Etwas hätte, damit sie der
Buhllieder und fleischlichen Gesänge los würde,
und an derselben Statt etwas Heilsames lernete,
und also das Guete mit Lust, wie den Jungen
gebührt, einginge. Auch daß ich nicht der
Meinung bin, daß durchs Evangelion sollten
alle Künste zu Boden geschlagen werden und

vergehen, wie etliche Abergeistlichen fürgeben, sondern ich wollt alle Künste, sonderlich die Musica, gerne sehen im Dienst deß, der sie geben und geschaffen hat. Bitte derhalben, ein iglicher frummer Christ wollt solchs ihm lassen gefallen, und wo ihm Gott mehr oder desgleichen verleihet, helfen. Es ist sonst leider alle Welt allzu laß und zu vergessen, die arme Jugend zu ziehen und lehren, daß man nicht allererst darf auch Ursach dazu geben. Gott gebe uns seine Gnade. Amen.

### III.

## Geistliche Lieder

aufs Neu gebessert zu Wittemberg.

D. Mar. Luther. M. D. XXIX.

### Ein neu Vorrede Martini Luthers.

Nu haben sich Etliche wohl beweiset und die Lieder gemehret, also daß sie mich weit ubertreffen und in dem wohl meine Meister sind. Aber daneben auch die Andern wenig Guts dazu gethan. Und weil ich sehe, daß des täglichen Zuthuns ohn alle Unterscheid, wie einem Iglichen gut dunkt, will keine Maße werden, uber das, daß auch die ersten unser Lieder je länger je fälscher gedruckt werden: hab ich Sorge, es werde diesem Büchlin die Läng gehen, wie es allezeit guten Büchern gangen ist, daß sie durch ungeschickter Köpfe Zusetzen so gar uberschüttet und verwüstet sind, daß man das Gute drunter verloren und alleine das Unnütze im Brauch behalten hat. Wie wir sehen aus Sanct Luca 1. Kapitel, daß im Anfang Jedermann hat wollen Evangelia schreiben, bis man schier das rechte Evangelion verloren hätte unter so viel Evangelien. Also ists auch Sanct Hieronymi und Augustini und viel andern Büchern ergangen. Summa, es will je der Mäuse Mist unter dem Pfeffer sein.

Damit nu das, soviel wir mügen, verkummen werde, habe ich dies Büchlin wiederumb aufs Neu ubersehen, und der Unsern Lieder zusammen nach einander mit ausgedrucktem Namen gesetzt, welches ich zuvor umme Ruhmes willen vermieden, aber nu aus Noth thun muß, damit nicht unter unserm Namen frembde, untüchtige Gesänge verkauft würden; darnach die andern hinnach gesetzt, so wir die besten und nütze achten. Bitte und vermahne Alle, die das reine Wort lieb haben, wollten solchs unser Büchlin hinfurt, ohn unser Wissen und Willen, nicht mehr bessern oder mehren; wo es aber ohn unser Wissen gebessert würde, daß man wisse, es sei nicht unser zu Wittenberg ausgegangen Büchlin. Kann doch ein Jeglicher wohl selbs ein eigen Büchlein voll Lieder zusammenbringen, und das unser für sich allein lassen ungemehret bleiben, wie wir bitten, begehren und hiemit bezeuget haben wöllen. Denn wir ja auch gerne unser Münze in unser Würde behalten, Niemand unvergönnet für sich eine bessere zu machen, auf daß Gottes Name alleine gepreiset und unser Name nicht gesucht werde. Amen.

## IV.

### Christliche Gesäng Lateinisch und Deutsch,

zum Begräbniß.

D. Martinus Luther.

Wittemberg, Anno M. D. XLII.

Dem christlichen Leser. D. Mart. Luther.

---

S. Paulus schreibt denen zu Thessalonich, daß sie uber den Todten sich nicht sollen betrüben, wie die Andern, so keine Hoffnung haben, sondern sich trösten durch Gottes Wort, als die gewisse Hoffnung haben des Lebens und der Todten Auferstehung.

Denn daß die sich betrüben, so keine Hoffnung haben, ist nicht Wunder, sinds auch nicht zu verdenken, nachdem sie außer dem Glauben Christi sind, entweder allein dies zeitlich Leben achten und lieb haben müssen und dasselb ungern verlieren, oder sich nach diesem Leben des ewigen Tods und Zorn Gottes in der Hölle versehen müssen, und dasselbs ungern hinfahren.

Wir Christen aber, so von dem allen durch das theure Blut des Sohnes Gottes erlöset sind, sollen uns uben und gewöhnen im Glauben, den Tod zu verachten und als einen tiefen, starken, süßen Schlaf anzusehen; den Sark nicht anders, denn als unsers HERRN Christi Schoos oder Paradies; das Grab nicht anders, denn als ein sanft Faul= oder Rugebette zu halten. Wie es denn fur Gott in der Wahrheit also ist, wie er spricht Joh. 11.: Lazarus unser Freund schläft. Matth. 9.: Das Maidlin ist nicht todt, sondern es schläfet.

Also thut auch S. Paulus 1. Korinth. 15. Setzt aus den Augen alle häßliche Anblicke des Todes in unserm sterbenden Leibe und zeucht erfur eitel holdselige und fröhliche Anblick des Lebens, da er spricht: Es wird gesäet verweslich und wird auferstehen unverweslich, es wird gesäet in Unehre (das ist: häßlicher, schändlicher Gestalt) und wird auferstehen in Herrlichkeit; es wird gesäet in Schwachheit und wird auferstehen in Kraft; es wird gesäet ein natürlicher Leib und wird auferstehen ein geistlicher Leib.

Demnach haben wir in unsern Kirchen die päpstlichen Gräuel, als Vigilien, Seelmessen, Begängniß, Fegfeuer und alles ander Gaukelwerk, für die Todten getrieben, abgethan und rein ausgefegt, und wollen unser Kirchen nicht mehr lassen Klaghäuser oder Leidestätte sein, sondern, wie es die alten Väter auch genennt, Koemiteria, das ist, für Schlafhäuser und Rugestätte halten.

Singen auch kein Traurlied noch Leidegesang bei unsern Todten und Gräbern, sondern tröstliche Lieder, von Vergebung der Sünden, von Ruge, Schlaf, Leben und Auferstehung der verstorbenen Christen, damit unser Glaub gestärkt und die Leute zu rechter Andacht gereizt werden.

Denn es auch billig und recht ist, daß man die Begräbniß ehrlich halte und vollbringe, zu Lob und Ehre dem fröhlichen Artikel unseres Glaubens, nämlich von der Auferstehung der Todten, und zu Trotz dem schrecklichen Feinde, dem Tode, der uns so schändlich dahin frisset, ohne Unterlaß mit allerlei scheußlicher Gestalt und Weise.

Also haben (wie wir lesen) die heiligen Patriarchen, Abraham, Isaac, Jacob, Joseph ꝛc. ihre Begräbniß herrlich gehalten und mit großem Fleiß befohlen. Hernach die Könige Juda groß Gepränge getrieben uber den Leichen, mit köstlichem Räuchwerk allerlei guter ebler Gewürz, alles darumb, den stinkenden schändlichen Tod zu dämpfen und die Auferstehung der Todten zu preisen und bekennen, damit die Schwachgläubigen und Traurigen zu trösten.

Dahin auch gehört, was die Christen bisher und noch thun an den Leichen und Gräbern, daß man sie herrlich trägt, schmückt, besinget und mit Grabzeichen zieret. Es ist Alles zu thun umb diesen Artikel von der Auferstehung, daß er feste in uns gegründet werde, denn er ist unser endlicher, seliger, ewiger Trost und Freude wider den Tod, Hölle, Teufel und alle Traurigkeit.

Zudem haben wir auch zum guten Exempel die schönen Musica oder Gesänge, so im Papstthumb in Vigilien, Seelmessen und Begräbniß gebraucht sind, genommen, der etliche in dies Büchlein drücken lassen und wollen mit der Zeit derselben mehr nehmen, oder wer es besser vermag denn wir, doch andere Text brunter gesetzt, damit unsern Artikel der Auferstehung zu schmücken; nicht das Fegfeuer mit seiner Pein und Genugthuung, dafur ihre Verstorbene nicht schlafen noch rugen können. Der Gesang und die Noten sind köstlich, Schade wäre es, daß sie sollten untergehen, aber unchristlich und ungereimt sind die Text oder Wort, die sollten untergehen.

Gleichwie auch in allen andern Stücken thun sie es uns weit zuvor, haben die schönsten Gottesdienst, schöne herrliche Stifte und Klöster. Aber das Predigen und Lehren, das sie drinnen uben, dienet das mehrer Theil dem Teufel und lästert Gott. Denn er ist der Welt Fürst und Gott, drumb muß er auch das Nieblichste, Beste und Schönste haben.

Auch haben sie köstliche gülbene silberne Monstranzen und Bilder mit Kleinoden und Edelsteinen gezieret, aber inwendig sind Todtenbein, so schier von Schindeleichen als anderswoher. Item, sie haben köstliche Kirchenkleider, Caseln, Mantel, Röck, Hüte, Infulen. Aber wer ist brunter oder damit gekleidet? Faule Bäuche, böse Wölfe, gottlose Säue, die Gottes Wort verfolgen und lästern.

Also haben sie auch wahrlich viel treffliche

schöne Musica oder Gesang, sonderlich in den Stiften und Pfarren, aber viel unflätiger abgöttischer Text damit geziert. Darum wir solche abgöttische todte und tolle Text entkleidet und ihnen die schöne Musica abgestreift und dem lebendigen, heiligen Gottes Wort angezogen, daſſelb damit zu ſingen, zu loben und zu ehren, daß alſo ſolch ſchöner Schmuck der Muſica in rechtem Brauch ihrem lieben Schöpfer und ſeinen Chriſten diene, daß er gelobt und geehret, wir aber durch ſein heiliges Wort mit ſüßem Geſang, ins Herz getrieben, gebeſſert und geſtärkt werden im Glauben. Das helfe uns Gott der Vater mit Sohn und Heiliger Geiſt. Amen.

Doch iſt nicht dies unſer Meinung, daß dieſe Noten ſo eben müßten in allen Kirchen geſungen werden, ein igliche Kirche halte ihre Noten nach ihrem Buch und Brauch. Denn ichs ſelbs auch nicht gerne höre, wo in einem Reſponſorio oder Geſang die Noten verruckt anders geſungen werden bei uns, weder ich der in meiner Jugend gewohnt bin. Es iſt umb Veränderung des Texts und nicht der Noten zu thun.

Wenn man auch ſonſt die Gräber wollt

ehren, wäre es fein an die Wände, wo sie da sind, gute Epitaphia oder Sprüche aus der Schrift drüber zu malen oder zu schreiben, daß sie für Augen wären denen, so zur Leiche oder auf den Kirchof gingen, nämlich also oder dergleichen:

Er ist entschlafen mit seinen Vätern und zu seinem Volk versammelt.

Ich weiß, daß mein Erlöser lebt, und er wird mich aus der Erden aufwecken, und werde mit meiner Haut umgeben werden und werde in meinem Fleisch Gott sehen 2c. Hiob 19. (V. 25. 26.)

Ich liege und schlafe und erwache, denn der Herr hält mich. Psalm 3 (V. 6.)

Ich liege und schlafe ganz mit Frieden. Psalm 4. (V. 9.)

Ich will schauen dein Antlitz in Gerechtigkeit, ich will satt werden, wenn ich erwache nach deinem Bilde. Psalm 17. (V. 15.)

Gott wird meine Seele erlösen aus der Höllen Gewalt, denn er hat mich angenommen. Psalm 49. (V. 16.)

Der Tod seiner Heiligen ist werth gehalten vor dem Herrn. Psalm 116. (V. 15.)

Der Herr wird auf diesem Berge das Hüllen

wegthun, damit alle Völker verhüllet sind, und die Decke, damit alle Heiligen zugedeckt sind; denn er wird den Tod verschlingen ewiglich ꝛc. Jes. 25. (V. 7. 8.)

Deine Todten werden leben und mit dem Leichnam auferstehen. Wachet auf und rühmet, die ihr liegt unter der Erden, denn dein Thau ist ein Thau des grünen Feldes. Jes. 26. (V. 19.)

Gehe hin, mein Volk, in deine Kammer, und schleuß die Thür nach dir zu; verbirg dich einen kleinen Augenblick, bis der Zorn vorüber gehe ꝛc. Jes. 26. (V. 20.)

Die Gerechten werden weggerafft vor dem Unglück, und die richtig vor sich gewandelt haben, kommen zum Frieden und ruhen in ihren Kammern. Jes. 57 (V. 1. 2.)

So spricht der Herr: Siehe, ich will eure Gräber aufthun und will euch, mein Volk, aus denselben herausholen ꝛc. Ezech. 37. (V. 12.)

Viele, so unter der Erde schlafen liegen, werden aufwachen, etliche zum ewigen Leben, etliche zu ewiger Schmach und Schande. Daniel 12. [V. 2.]

Ich will sie erlösen aus der Hölle und

vom Tode erretten. Tod, ich will dir ein Gift sein, Hölle, ich will dir eine Pestilenz sein. Hos. 13. (V. 14.)

Ich bin der Gott Abrahams und der Gott Isaacs und der Gott Jacobs. Gott aber ist nicht ein Gott der Todten, sondern der Lebendigen. 2. B. Mos. 3. (V. 6.) Matth. 22. (V. 32.)

Das ist der Wille des Vaters, der mich gesandt hat, daß ich nichts verliere von Allem, das er mir gegeben hat, sondern daß ichs auferwecke am jüngsten Tage. Joh. 6. (V. 39.)

Ich bin die Auferstehung und das Leben. Wer an mich glaubet, der wird leben, ob er gleich stürbe. Und wer da lebet und glaubet an mich, der wird nimmermehr sterben. Joh. 11. (V. 25. 26.)

Keiner lebet ihm selber und keiner stirbet ihm selber. Leben wir, so leben wir dem Herrn; sterben wir, so sterben wir dem Herrn. Darum wir leben oder sterben, so sind wir des Herrn. Denn dazu ist Christus auch gestorben und auferstanden und wieder lebendig geworden, daß er über Todte und Lebendige Herr sei. Röm. 14. (V. 7—9.)

Hoffen wir allein in diesem Leben auf

Chriſtum, ſo ſind wir die elendeſten unter allen Menſchen. 1. Kor. 15. (V. 19.)

Wie ſie in Adam Alle ſterben, alſo werden ſie in Chriſto Alle lebendig gemacht werden. 1. Kor. 15. (V. 22.)

Der Tod iſt verſchlungen in den Sieg; Tod, wo iſt dein Stachel? Hölle, wo iſt dein Sieg? Aber der Stachel des Todes iſt die Sünde, die Kraft aber der Sünde iſt das Geſetz. Gott aber ſei Dank, der uns den Sieg gegeben hat durch unſern Herrn Jeſum Chriſtum. Amen. 1. Kor. 15. (V. 55—57.)

Chriſtus iſt mein Leben und Sterben iſt mein Gewinn. Phil. 1. (V. 21.)

So wir glauben, daß Jeſus geſtorben und auferſtanden iſt, alſo wird Gott auch, die da entſchlafen ſind durch Jeſum, mit ihm führen. 1. Theſſ. 4. (V. 14.)

Solche Sprüche und Grabeſchrift zierten die Kirchof beſſer, denn ſonſt andere weltliche Zeichen, Schild, Helm ꝛc.

Wo aber Jemand tüchtig und luſtig wäre, ſolche Sprüche in gute feine Reime zu ſtellen, das wäre dazu gut, daß ſie deſte leichter behalten und deſte lieber geleſen würden. Denn Reime oder Vers machen gute Sentenz oder

Sprüchwort, die man lieber braucht, denn sonst schlechte Rede.

### Lucä 2.

Im Fried bin ich dahin gefahrn,
Denn mein Augen gesehen habn
Dein'n Heiland, HERR, von dir bereit
Zum Licht der ganzen Christenheit.
Indeß rug ich in dieser Gruft,
Bis auf meins Herren Wiederkunft.

### Lucä 2.

Mit Fried und Freud in guter Ruh,
Fröhlich thät ich mein Augen zu
Und legt mich schlafen in mein Grab,
Weil ich dein'n Heiland gsehen hab,
Den du fur uns All hast bereit't
Zum Heil der ganzen Christenheit,
Daß er das ewig Licht sollt sein
Den Heiden zum seligen Schein,
Und daß auch Israel darob
Hab Herrlickeit und ewigs Lob.

### Johann. 11.

Christ ist die Wahrheit und das Leben,
Die Auferstehung will er geben.
Wer an ihn gläubt, das Leben wirbt,
Ob er gleich hie auch leiblich stirbt.
Wer lebt und gläubt, thut ihm die Ehr,
Wird gwißlich sterben nimmermehr.

#### Hiob 19.

In meim Elend war dies mein Trost,
Ich sprach: Er lebt, der mich erlost.
Auf den ich in der Noth vertraut,
Wird mich wieder mit meiner Haut
Umbgeben, daß ich aus der Erd
Vom Tod wieder erwecket werd.
In meinem Fleisch werd ich Gott sehen.
Ist gewißlich wahr und wird geschehen.

Die deutschen Gesänge:

> Mit Fried und Freud
> Wir glauben all an einen,
> Nu bitten wir den heiligen,
> Nu laßt uns den Leib ꝛc.

mag man eins umbs ander singen, wenn man vom Begräbniß heimgehen will; also mag mans mit den latinischen Gesängen halten:

> Jam moesta quiesce,
> Si enim credimus,
> Corpora sanctorum,
> In pace sumus etc.

## V.

## Geistliche Lieder.

Mit einer neuen Vorrede D. Mart. Luth.

### Warnung D. M. L.

Viel falscher Meister itzt Lieder dichten.
Siehe dich für und lern sie recht richten.
Wo Gott hinbauet sein Kirch und sein Wort,
Da will der Teufel sein mit Trug und Mord.

### Leipzig.

(Am Ende:)

Gedruckt zu Leipzig, durch Valentin Babst, in der Ritterstraßen M. D. XLV.

### Vorrede D. Mart. Luth.

---

Der xcvj. Psalm spricht: Singet dem HERRN ein neues Lied, singet dem HERRN alle Welt! Es war im Alten Testament unter dem Gesetz Mosi der Gottesdienst fast schwer und mühselig, da sie so viel und mancherlei Opfer thun mußten, von Allem, das sie hatten, beide, zu Hause und zu Felde, welchs das

Volk, so da faul und geizig war, gar ungerne thät, oder Alles umb zeitlichs Genießes willen thät. Wie der Prophet Maleachi am 1. sagt: Wer ist unter euch, der umbsonst eine Thür zuschließe oder ein Licht auf meinem Altare anzünde? Wo aber ein solch faul unwillig Herze ist, da kann gar nichts oder nichts Guts gesungen werden. Fröhlich und lustig muß Herz und Muth sein, wo man singen soll. Darum hat Gott solchen faulen und unwilligen Gottesdienst fahren lassen, wie er daselbst weiter spricht: Ich habe keine Lust zu euch, spricht der HERR Zebaoth, und euer Speisopfer gefallen mir nicht von euern Händen, denn vom Aufgang der Sonnen bis zu ihrem Niedergang ist mein Name herrlich unter den Heiden, und an allen Orten wird meinem Namen Räuchwerk geopfert und ein rein Speisopfer. Denn groß ist mein Name unter den Heiden, spricht der HERR Zebaoth.

Also ist nu im Neuen Testament ein besser Gottesdienst, davon hie der Psalm sagt: Singet dem HERRN ein neues Lied, singet dem HERRN alle Welt! Denn Gott hat unser Herz und Muth fröhlich gemacht durch seinen lieben Sohn, welchen er für uns gegeben hat zur Erlösung von Sünden, Tod und Teufel. Wer solchs mit Ernst gläubet, der kanns nicht lassen, er muß fröhlich und mit Lust davon singen und sagen, daß es Andere auch hören und herzu kommen. Wer aber nicht davon singen und sagen will, das ist ein Zeichen, daß ers nicht gläubet und nicht ins neu fröhliche Testament, sondern unter das alte, faule, unlustige Testament gehöret.

Darumb thun die Drucker sehr wohl bran, daß sie gute Lieder fleißig drucken und mit allerlei Zierde den Leuten angenehme machen, damit sie zu solcher Freude des Glaubens gereizt werden und gerne singen. Wie denn dieser Druck Valtin Babsts sehr lustig zugerichtet ist. Gott gebe, daß damit dem Römischen Papst, der nichts denn Heulen, Trauren und Leid in aller Welt hat angerichtet durch seine verdampte unträgliche und leidige Gesetze, großer Abbruch und Schaden geschehe. Amen.

Ich muß aber das auch vermahnen, das Lied, so man zum Grabe singet: Nu laßt uns den Leib begraben, führet meinen Namen; aber es ist nicht mein, und soll mein Name hinfurt davon gethan sein; nicht daß ichs verwerfe, denn es gefället mir sehr wohl, und hat ein guter Poet gemacht, genannt Johannes Weis, ohn daß er ein wenig geschwärmet hat am Sacrament, sondern ich will Niemand sein Aerbeit mir zueignen.

Und im: De profundis solls also stehen: Deß muß dich fürchten Jedermann. Ist versehen oder ist ubermeistert, daß fast in Büchern stehet: Deß muß sich fürchten Jedermann. Ut timearis; denn es ist ebräisch geredt, wie Matth. xv.: Vergeblich fürchten sie mich mit Menschenlehre, und Psal. xiiij. und Psal. liij.: Sie rufen den HERRN nicht an, da fürchten sie, da nicht zu fürchten ist. Das ist: Sie können viel Demuth, Bucken und Ducken in ihrem Gottesdienst, da ich keinen Gottesdienst will haben. Also ist hie auch die Meinung: Weil sonst nirgend Vergebung der Sünden zu finden ist, denn bei dir, so müssen sie wohl alle Abgötterei fahren lassen, und thuns gern, da sie sich für dir bucken, bucken, zum Kreuz kriechen und allein dich in Ehren halten und zu dir Zuflucht haben und dir dienen, als die deiner Gnaden leben und nicht ihrer eigen Gerechtigkeit 2c.

# Martin Luthers
# Geistliche Lieder.

### 1.

**Ein Lied von den zween Märterern Christi,**

zu Brüssel von den Sophisten von Löven verbrannt.

Geschehen am 1. Juli 1523.

---

Ein neues Lied wir heben an,
  Das walt Gott, unser Herre,
Zu singen, was Gott hat gethan
Zu seinem Lob und Ehre.
  Zu Brüssel in dem Niederland
Wohl durch zween junge Knaben
Hat er sein Wundermacht bekannt,
Die er mit seinen Gaben
So reichlich hat gezieret.

  Der Erst recht wohl Johannes heißt,
So reich an Gottes Hulden;

Sein Bruder Heinrich nach dem Geist,
Ein rechter Christ ohn Schulden.

Von dieser Welt geschieden sind,
Sie han die Kron erworben,
Recht wie die frommen Gottes Kind
Für sein Wort sind gestorben,
Sein Märtrer sind sie worden.

Der alte Feind sie fangen ließ,
Erschreckt sie lang mit Dräuen;
Das Wort Gotts man sie leugnen hieß,
Mit List auch wollt sie täuben.

Von Löven der Sophisten viel,
Mit ihrer Kunst verloren,
Versammlet er zu diesem Spiel.
Der Geist sie macht zu Thoren,
Sie konnten nichts gewinnen.

Sie sungen süß, sie sungen saur,
Versuchten manche Listen,
Die Knaben stunden wie ein Maur
Veracht'ten die Sophisten.

Den alten Feind das sehr verdroß,
Daß er ward überwunden
Von solchen Jungen, er so groß:

Er ward voll Zorn von Stunden,
Gedacht, sie zu verbrennen.

Sie raubten ihn'n das Klosterkleid,
Die Weih sie ihn'n auch nahmen;
Die Knaben waren des bereit,
Sie sprachen fröhlich Amen.
Sie dankten ihrem Vater Gott,
Daß sie los sollten werden
Des Teufels Larven, Spiel und Spott,
Darin durch falsche Berden
Die Welt er gar betreuget.

Da schickt Gott durch sein Gnad also,
Daß sie recht Priester worden,
Sich selbs ihm mußten opfern da
Und gehn im Christenorden,
  Der Welt ganz abgestorben sein,
Die Heuchelei ablegen,
Zum Himmel kommen frei und rein,
Die Möncherei ausfegen
Und Menschentand hie lassen.

Man schrieb ihn'n für ein Brieflein klein,
Das hieß man sie selbs lesen.

Die Stück sie zeichten alle drein,
Was ihr Glaub war gewesen.
  Der höchste Irrthum dieser war:
Man muß allein Gott glauben,
Der Mensch leugt und treugt immerdar,
Dem soll man nichts vertrauen.
Deß mußten sie verbrennen.

  Zwei große Feur sie zündten an,
Die Knaben sie her brachten.
Es nahm groß Wunder Jedermann,
Daß sie solch Pein verächt'ten.
  Mit Freuden sie sich gaben drein
Mit Gottes Lob und Singen.
Der Muth ward den Sophisten klein
Für diesen neuen Dingen,
Daß sich Gott ließ so merken.

  Der Schimpf sie nun gereuet hat,
Sie wolltens gern schön machen.
Sie thürn nicht rühmen sich der That,
Sie bergen fast die Sachen.
  Die Schand im Herzen beißet sie
Und klagens ihrn Genossen.
Doch kann der Geist nicht schweigen hie:

Des Habels Blut vergossen,
Es muß den Kain melden.

Die Aschen will nicht lassen ab,
Sie stäubt in allen Landen.
Hie hilft kein Bach, Loch, Grub noch Grab,
Sie macht den Feind zu Schanden.
Die er im Leben durch den Mord
Zu schweigen hat gedrungen,
Die muß er todt an allem Ort
Mit aller Stimm und Zungen
Gar fröhlich lassen singen.

Noch lassen sie ihr Lügen nicht,
Den großen Mord zu schmücken.
Sie geben für ein falsch Gedicht,
Ihr Gwissen thut sie drücken.
Die Heiligen Gotts auch nach dem Tod
Von ihn'n gelästert werden,
Sie sagen: in der letzten Noth
Die Knaben noch auf Erden
Sich solln haben umkehret.

Die laß man lügen immerhin,
Sie habens keinen Frommen.

Wir sollen danken Gott darin;
Sein Wort ist wiederkommen.
  Der Sommer ist hart für der Thür,
Der Winter ist vergangen,
Die zarte Blümlin gehn herfür:
Der das hat angefangen,
Der wird es wohl vollenden.
    Amen.

## 2.

**Ein Danklied für die höchsten Wohlthaten, so uns Gott in Christo erzeigt hat.**

1523.

---

Nun freut euch, lieben Christen gmein,
  Und laßt uns fröhlich springen,
Daß wir getrost und All in ein
  Mit Lust und Liebe singen:
    Was Gott an uns gewendet hat
    Und seine süße Wunderthat,
    Gar theur hat ers erworben.

Dem Teufel ich gefangen lag,
Im Tod war ich verloren,
Mein Sünd mich quälet Nacht und Tag,
Darin ich war geboren;

Ich fiel auch immer tiefer drein,
Es war kein Guts am Leben mein,
Die Sünd hatt' mich besessen.

Mein gute Werk die golten nicht,
Es war mit ihn'n verdorben,
Der frei Will hasset Gotts Gericht,
Er war zum Gut'n erstorben.
Die Angst mich zu verzweifeln trieb,
Daß nichts denn Sterben bei mir blieb,
Zur Höllen mußt ich sinken.

Da jammerts Gott in Ewigkeit,
Mein Elend übermaßen,
Er dacht an sein Barmherzigkeit,
Er wollt mir helfen lassen.
Er wandt zu mir das Vaterherz,
Es war bei ihm fürwahr kein Scherz,
Er ließ sein Bestes kosten.

Er sprach zu seinem lieben Sohn:
Die Zeit ist hie zurbarmen,
Fahr hin, meins Herzen werthe Kron,
Und sei das Heil dem Armen.

Und hilf ihm aus der Sündennoth,
Erwürg für ihn den bittern Tod
Und laß ihn mit dir leben!

Der Sohn dem Vater ghorsam ward,
Er kam zu mir auf Erden,
Von einer Jungfrau rein und zart,
Er sollt mein Bruder werden.
Gar heimlich führt er sein Gewalt,
Er ging in meiner armen Gstalt,
Den Teufel wollt er fangen.

Er sprach zu mir: Halt dich an mich,
Es soll dir jetzt gelingen.
Ich geb mich selber ganz für dich,
Da will ich für dich ringen;
Denn ich bin dein und du bist mein,
Und wo ich bleib, da sollt du sein,
Uns soll der Feind nicht scheiden.

Vergießen wird er mir mein Blut,
Dazu mein Leben rauben,
Das leid ich Alles dir zu gut,
Das halt mit festem Glauben.

Den Tod verschlingt das Leben mein,
Mein Unschuld trägt die Sünde dein,
Da bist du selig worden.

Gen Himmel zu dem Vater mein
Fahr ich von diesem Leben,
Da will ich sein der Meister dein,
Den Geist will ich dir geben.
　Der dich in Trübniß trösten soll
Und lehren mich erkennen wohl
Und in der Wahrheit leiten.

Was ich gethan hab und gelehrt,
Das sollt du thun und lehren,
Damit das Reich Gotts werd gemehrt
Zu Lob und seinen Ehren.
　Und hüt dich für der Menschen Gsatz,
Davon verdirbt der eble Schatz,
Das laß ich dir zu letze.　Amen.

### 3.

### Der 130ſte Pſalm:
Aus der Tiefe rufe ich, Herr, zu dir.

(Das umgearbeitete Lied.)

1524.

---

Aus tiefer Noth ſchrei ich zu dir,
 Herr Gott erhör mein Rufen,
Dein gnädig Ohren kehr zu mir
Und meiner Bitt ſie öffen.
 Denn ſo du willt das ſehen an,
Was Sünd und Unrecht iſt gethan:
Wer kann, Herr, für dir bleiben?

 Bei dir gilt nichts denn Gnad und Gunſt,
Die Sünde zu vergeben.
Es iſt doch unſer Thun umſunſt
Auch in dem beſten Leben.

Für dir Niemand sich rühmen kann,
Deß muß dich fürchten Jedermann
Und deiner Gnade leben.

Darum auf Gott will hoffen ich,
Auf mein Verdienst nicht bauen;
Auf ihn mein Herz soll lassen sich
Und seiner Güte trauen,
　Die mir zusagt sein werthes Wort,
Das ist mein Trost und treuer Hort,
Deß will ich allzeit harren.

Und ob es währt bis in die Nacht
Und wieder an den Morgen,
Doch soll mein Herz an Gottes Macht
Verzweifeln nicht noch sorgen.
　So thu Israel rechter Art,
Der aus dem Geist erzeuget ward,
Und seines Gotts erharre.

Ob bei uns ist der Sünden viel,
Bei Gott ist viel mehr Gnaden;
Sein Hand zu helfen hat kein Ziel,
Wie groß auch sei der Schaden.

## 45

Er ist allein der gute Hirt,
Der Israel erlösen wird
Aus seinen Sünden allen.

### 4.

**Der 12te Psalm:**
Hilf, Herr, die Heiligen haben abgenommen.
1524.

Ach Gott, vom Himmel sieh darein
Und laß dich deß erbarmen,
Wie wenig sind der Heilgen dein,
Verlassen sind wir Armen.
   Dein Wort man läßt nicht haben wahr,
Der Glaub ist auch verloschen gar
Bei allen Menschenkinden.

   Sie lehren eitel falsche List,
Was eigen Witz erfindet;
Ihr Herz nicht eines Sinnes ist
In Gottes Wort gegründet.

Der wählet dies, der Ander das,
Sie trennen uns ohn alle Maß
Und gleißen schön von außen.

Gott wollt ausrotten alle Lahr,
Die falschen Schein uns lehren;
Darzu ihr Zung stolz offenbar
Spricht: Trotz, wer wills uns wehren?
Wir haben Recht und Macht allein,
Was wir setzen, das gilt gemein,
Wer ist, der uns soll meistern?

Darum spricht Gott: Ich muß auf sein,
Die Armen sind verstöret;
Ihr Seufzen bringt zu mir herein,
Ich hab ihr Klag erhöret:
Mein heilsam Wort soll auf den Plan,
Getrost und frisch sie greifen an
Und sein die Kraft der Armen.

Das Silber, durchs Feur siebenmal
Bewährt, wird lauter funden:
Am Gotteswort man warten soll
Desgleichen alle Stunden:

Es will durchs Kreuz bewähret sein,
Da wird sein Kraft erkannt und Schein
Und leucht't stark in die Lande.

Das wollst du, Gott, bewahren rein
Für diesem argen Gschlechte,
Und laß uns dir befohlen sein,
Daß sichs in uns nicht flechte.
 Der gottlos Hauf sich umher findt,
Wo diese lose Leute sind
In deinem Volk erhaben.

### 5.

**Der 14te Pfalm:**
Die Thoren sprechen in ihrem Herzen:
Es ist kein Gott.

1524.

---

Es spricht der Unweisen Mund wohl:
  Den rechten Gott wir meinen;
Doch ist ihr Herz Unglaubens voll,
Mit That sie ihn verneinen.
Ihr Wesen ist verderbet zwar,
Für Gott ist es ein Gräuel gar,
Es thut ihr'r Keiner kein gut.

Gott selbst vom Himmel sah herab
Auf aller Menschen Kinden,
Zu schauen sie er sich begab,
Ob er Jemand würd finden,

Der sein'n Verstand gerichtet hätt,
Mit Ernst nach Gottes Worten thät
Und fragt nach seinem Willen.

Da war Niemand auf rechter Bahn,
Sie warn All ausgeschritten,
Ein Jeder ging nach seinem Wahn
Und hielt verlorne Sitten.
Es thät ihr'r Keiner doch kein gut,
Wiewohl gar Viel betrog der Muth:
Ihr Thun sollt Gott gefallen.

Wie lang wollen unwissend sein,
Die solche Müh aufladen
Und fressen dafür das Volk mein
Und nährn sich mit seim Schaden?
Es steht ihr Trauen nicht auf Gott,
Sie rufen ihm nicht in der Noth,
Sie wölln sich selbst versorgen.

Darum ist ihr Herz nimmer still
Und steht allzeit in Forchten;
Gott bei den Frommen bleiben will,
Dem sie mit Glauben ghorchen.

Ihr aber schmäht des Armen Rath
Und höhnet Alles, was er sagt,
Daß Gott sein Trost ist worden.

Wer soll Israel dem armen
Zu Zion Heil erlangen?
Gott wird sich seins Volks erbarmen
Und lösen, die gefangen.
 Das wird er thun durch seinen Sohn,
Davon wird Jacob Wonne han
Und Israel sich freuen.
  Amen.

## 6.

### Der 67ste Psalm:
Gott sei uns gnädig und segne uns.
1524.

Es wollt uns Gott genädig sein
  Und seinen Segen geben,
Sein Antlitz uns mit hellem Schein
Erleucht zum ewgen Leben,
  Daß wir erkennen seine Werk
  Und was ihm liebt auf Erden,
  Und Jesus Christus Heil und Stärk,
  Bekannt den Heiden werden
  Und sie zu Gott bekehren.

So danken, Gott, und loben dich
Die Heiden über alle,

Und alle Welt die freue sich
Und sing mit großem Schalle,
 Daß du auf Erden Richter bist
Und läßt die Sünd nicht walten,
Dein Wort die Hut und Weide ist,
Die alles Volk erhalten,
In rechter Bahn zu wallen.

Es danke, Gott, und lobe dich
Das Volk in guten Thaten,
Das Land bringt Frucht und bessert sich,
Dein Wort ist wohl gerathen.
 Uns segen Vater und der Sohn,
Uns segen Gott der Heilig Geist,
Dem alle Welt die Ehre thu,
Für ihm sich fürchte allermeist.
Nun sprecht von Herzen: Amen.

## 7.

**Ein Lobgesang von der Geburt unsers Herrn Jesu Christi.**

1524.

Gelobet seist du, Jesu Christ,
Daß du Mensch geboren bist
Von einer Jungfrau, das ist wahr,
Deß freuet sich der Engel Schaar.
 Kyrieleis.

Des ewigen Vaters einig Kind
Itzt man in der Krippen findt,
In unser armes Fleisch und Blut
Verkleidet sich das ewig Gut.
 Kyrieleis.

Den aller Welt Kreis nie beschloß,
Der liegt in Marien Schoos,
Er ist ein Kindlein worden klein,
Der alle Ding erhält allein.
  Kyrieleis.

Das ewig Licht geht da herein,
Giebt der Welt ein'n neuen Schein,
Es leucht't wohl mitten in der Nacht
Und uns des Lichtes Kinder macht.
  Kyrieleis.

Der Sohn des Vaters, Gott von Art,
Ein Gast in der Welt hie ward
Und führt uns aus dem Jammerthal,
Er macht uns Erben in seim Saal.
  Kyrieleis.

Er ist auf Erden kommen arm,
Daß er unser sich erbarm,
Und in dem Himmel machet reich
Und seinen lieben Engeln gleich.
  Kyrieleis.

Das hat er Alles uns gethan,
Sein groß Lieb zu zeigen an.
Deß freu sich alle Christenheit
Und dank ihm deß in Ewigkeit.
Kyrieleis.

8.

**S. Johannis Hussen Lied:**
Jesus Christus, nostra salus etc. (gebessert).

Jesus Christus, unser Heiland,
Der von uns den Gottes Zorn wand,
Durch das bitter Leiden sein
Half er uns aus der Höllen Pein.

Daß wir nimmer deß vergessen,
Gab er uns sein'n Leib zu essen,
Verborgen im Brod so klein,
Und zu trinken sein Blut im Wein.

Wer sich will zu dem Tisch machen,
Der hab wohl Acht auf sein Sachen;
Wer unwürdig hinzu geht,
Für das Leben den Tod empfäht.

Du sollt Gott den Vater preisen,
Daß er dich so wohl wollt speisen,
Und für deine Missethat
In den Tod sein'n Sohn geben hat.

Du sollt glauben und nicht wanken,
Daß ein Speise sei den Kranken,
Den'n ihr Herz von Sünden schwer
Und vor Angst ist betrübet sehr.

Solch groß Gnad und Barmherzigkeit
Sucht ein Herz in großer Arbeit:
Ist dir wohl, so bleib davon,
Daß du nicht kriegest bösen Lohn.

Er spricht selber: Kommt ihr Armen,
Laßt mich über euch erbarmen;
Kein Arzt ist dem Starken Noth,
Sein Kunst wird an ihm gar ein Spott.

Hättst du dir was konnt erwerben,
Was dürft ich denn für dich sterben?
Dieser Tisch auch bir nicht gilt,
So du selber dir helfen willt.

Glaubst du das von Herzengrunde
Und bekennest mit dem Munde,
So bist du recht wohl geschickt
Und die Speise dein Seel erquickt.

Die Frucht soll auch nicht ausbleiben:
Deinen Nächsten sollt du lieben,
Daß er dein genießen kann,
Wie dein Gott an dir hat gethan.

## 9.

### Ein Lobgesang auf das Osterfest.
#### 1524.

Jesus Christus, unser Heiland,
 Der den Tod überwand,
Ist auferstanden,
Die Sünd hat er gefangen.
 Kyrie eleison.

Der ohn Sünden war geborn,
Trug für uns Gottes Zorn,
Hat uns versöhnet,
Daß uns Gott sein Huld gönnet.
 Kyrie eleison.

Tod, Sünd, Leben und Genad,
Alls in Händen er hat,
Er kann erretten
Alle, die zu ihm treten.
 Kyrie eleison.

## 10.

### Ein Lobgesang vom heiligen hochwürdigen Sakrament.
#### 1524.

Gott sei gelobet und gebenedeiet,
 Der uns selber hat gespeiset
Mit seinem Fleische und mit seinem Blute,
Das gieb uns, Herr Gott, zu gute.
   Kyrieleison.
Herr, durch deinen heiligen Leichnam,
Der von deiner Mutter Maria kam,
Und das heilige Blut
Hilf uns, Herr, aus aller Noth.
   Kyrieleison.

Der heilig Leichnam ist für uns gegeben
Zum Tod, daß wir dadurch leben.

Nicht größer Güte konnt er uns geschenken,
Dabei wir sein solln gedenken.
  Kyrieleison.
Herr, dein Lieb so groß dich zwungen hat,
Daß dein Blut an uns groß Wunder that
Und bezahlt unser Schuld,
Daß uns Gott ist worden hold.
  Kyrieleison.

Gott geb uns Allen seiner Gnaden Segen,
Daß wir gehn auf seinen Wegen
In rechter Lieb und brüderlicher Treue,
Daß uns die Speis nicht gereue.
  Kyrieleison.
Herr, dein Heilig Geist uns nimmer laß,
Der geb zu halten rechte Maß,
Daß dein arm Christenheit
Leb in Fried und Einigkeit.
  Kyrieleison.

## 11.
### Der Ostergesang.
Christ ist erstanden (gebessert).
1521.

Christ lag in Todesbanden
  Für unser Sünd gegeben,
Der ist wieder erstanden
Und hat uns bracht das Leben:
  Deß wir sollen fröhlich sein,
Gott loben und dankbar sein
Und singen Halleluja.
    Halleluja.

Den Tod Niemand zwingen kunnt
Bei allen Menschen Kinden,
Das macht Alles unser Sünd,
Kein Unschuld war zu finden.

Davon kam der Tod sobald,
Und nahm über uns Gewalt,
Hielt uns in seim Reich gefangen.
   Halleluja.

Jesus Christus, Gottes Sohn,
An unser Statt ist kommen
Und hat die Sünd abgethan,
Damit dem Tod genommen
   All sein Recht und sein Gewalt,
   Da bleibt nichts denn Todsgestalt,
   Den Stachel hat er verloren.
      Halleluja.

Es war ein wunderlich Krieg,
Da Tod und Leben rungen,
Das Leben behielt den Sieg,
Es hat den Tod verschlungen.
   Die Schrift hat verkündet das,
   Wie ein Tod den andern fraß,
   Ein Spott aus dem Tod ist worden.
      Halleluja.

Hie ist das rechte Osterlamm,
Davon Gott hat geboten,

Das ist an des Kreuzes Stamm
In heißer Lieb gebraten.

Deß Blut zeichnet unser Thür,
Das hält der Glaub dem Tod für,
Der Würger kann uns nicht rühren.
Halleluja.

So feiern wir das hoh Fest
Mit Herzensfreud und Wonne,
Das uns der Herr scheinen läßt,
Er ist selber die Sonne,

Der durch seiner Gnaden Glanz
Erleucht't unsre Herzen ganz,
Der Sünden Nacht ist vergangen.
Halleluja.

Wir essen und leben wohl
In rechten Osterfladen,
Der alte Saurteig nicht soll
Sein bei dem Wort der Gnaden.

Christus will die Koste sein
Und speisen die Seel allein,
Der Glaub will keins Andern leben.
Halleluja.

### 12.
### Die zehn Gebote Gottes.
(Das längere Lied.)
1524.

Dies sind die heilgen zehn Gebot,
 Die uns gab unser Herre Gott
Durch Mosen, seinen Diener treu,
Hoch auf dem Berg Sinai.
     Kyrieleis.

Ich bin allein dein Gott der Herr,
Kein Götter sollt du haben mehr,
Du sollt mir ganz vertrauen dich,
Von Herzensgrund lieben mich.
     Kyrieleis.

Du sollt nicht führen zu Unehrn
Den Namen Gottes, deines Herrn,

Du sollt nicht preisen recht noch gut,
Ohn was Gott selbst redt und thut.
  Kyrieleis.

Du sollt heilgen den siebent Tag,
Daß du und dein Haus ruhen mag,
Du sollt von deim Thun lassen ab,
Daß Gott sein Werk in dir hab.
  Kyrieleis.

Du sollt ehrn und gehorsam sein
Dem Vater und der Mutter dein,
Und wo dein Hand ihn'n dienen kann,
So wirst du langs Leben han.
  Kyrieleis.

Du sollt nicht tödten zorniglich,
Nicht hassen noch selbst rächen dich,
Geduld haben und sanften Muth
Und auch dem Feind thun das Gut.
  Kyrieleis.

Dein Ehe sollt du bewahren rein,
Daß auch dein Herz kein Andre mein,

Und halten keusch das Leben dein
Mit Zucht und Mäßigkeit fein.
  Kyrieleis.

Du sollt nicht stehlen Geld noch Gut,
Nicht wuchern Jemands Schweiß und Blut,
Du sollt aufthun dein milde Hand
Den Armen in deinem Land.
  Kyrieleis.

Du sollt kein falscher Zeuge sein,
Nicht lügen auf den Nächsten dein,
Sein Unschuld sollt auch retten du
Und seine Schand decken zu.
  Kyrieleis.

Du sollt deins Nächsten Weib und Haus
Begehren nicht noch etwas draus,
Du sollt ihm wünschen alles Gut,
Wie dir dein Herz selber thut.
  Kyrieleis.

Die Gebot all uns geben sind,
Daß du dein Sünd, o Menschenkind,

Erkennen sollt, und lernen wohl,
Wie man für Gott leben soll.
   Kyrieleis.

Das helf uns der Herr Jesus Christ,
Der unser Mittler worden ist:
Es ist mit unserm Thun verlorn,
Verdienen doch eitel Zorn.
   Kyrieleis.

13.

## Die zehn Gebote Gottes,
kürzer gefaßt.

Mensch, willt du leben seliglich
Und bei Gott bleiben ewiglich:
Sollt du halten die zehn Gebot,
Die uns gebeut unser Gott.
   Kyrieleis.

Dein Gott allein und Herr bin ich,
Kein ander Gott soll irren dich,
Trauen soll mir das Herze dein,
Mein eigen Reich sollt du sein.
   Kyrieleis.

Du sollt mein'n Namen ehren schön
Und in der Noth mich rufen an,

Du follt heiligen den Sabbathtag
Daß ich in dir wirken mag.
   Kyrieleis.

Dem Vater und der Mutter dein
Sollt du nach mir gehorsam sein,
Niemand tödten noch zornig sein
Und deine Ehe halten rein.
   Kyrieleis.

Du follt eim Andern stehlen nicht,
Auf Niemand falsches zeuge nicht,
Deines Nächsten Weib nicht begehrn
Und all seins Guts gern entbehrn.
   Kyrieleis.

## 14.

### Nun komm, der Heiden Heiland!

(Aus dem Lateinischen des heil. Ambrosius.)

Veni redemptor gentium.

1524.

Nun komm, der Heiden Heiland,
Der Jungfrauen Kind erkannt,
Daß sich wunder alle Welt,
Gott solch Geburt ihm bestellt.

Nicht von Manns Blut noch von Fleisch,
Allein von dem Heilgen Geist
Ist Gotts Wort worden ein Mensch,
Und blühet ein Frucht Weibsfleisch.

Der Jungfrau Leib schwanger ward,
Doch blieb Keuschheit rein bewahrt,
Leucht't herfür manch Tugend schön,
Gott da war in seinem Thron.

Er ging aus der Kammer sein,
Dem königlichen Saal so rein,
Gott von Art und Mensch ein Held,
Sein'n Weg er zu laufen eilt.

Sein Lauf kam vom Vater her,
Und kehrt wieder zum Vater,
Fuhr hinunter zu der Höll
Und wieder zu Gottes Stuhl.

Der du bist dem Vater gleich,
Führ hinaus den Sieg im Fleisch,
Daß Dein ewig Gottesgewalt
In uns das krank Fleisch enthalt.

Dein Krippen glänzt hell und klar,
Die Nacht giebt ein neu Licht dar,
Dunkel muß nicht kommen drein,
Der Glaub bleibt immer im Schein.

Lob sei Gott dem Vater thon,
Lob sei Gott seim einigen Sohn,
Lob sei Gott dem Heiligen Geist
Immer und in Ewigkeit.
  Amen.

## 15.

### Chriſtum wir ſollen loben.

(Aus dem Lateiniſchen des Coelius Sedulius.)

A solis ortus cardine.

**1524.**

---

Chriſtum wir ſollen loben ſchön,
   Der reinen Magd Marien Sohn,
So weit die liebe Sonne leucht't
Und an aller Welt Ende reicht.

Der ſelig Schöpfer aller Ding
Zog an eins Knechtes Leib gering,
Daß er das Fleiſch durchs Fleiſch erwärb
Und ſein Geſchöpf nicht alls verdärb'.

Die göttlich Gnad vom Himmel groß
Sich in die keuſche Mutter goß,
Ein Maidlin trug ein heimlich Pfand,
Das der Natur war unbekannt.

Das züchtig Haus des Herzens zart
Gar bald ein Tempel Gottes ward,
Die kein Mann rühret noch erkannt,
Von Gotts Wort sie man schwanger fand.

Die edle Mutter hat geborn,
Den Gabriel verhieß zuvorn,
Den Sanct Johanns mit Springen zeigt,
Da er noch lag in Mutterleib.

Er lag im Heu mit Armut groß,
Die Krippen hart ihn nicht verdroß,
Es ward ein kleine Milch sein Speis,
Der nie kein Vöglein hungern ließ.

Des Himmels Chör sich freuen drob
Und die Engel singen Gott Lob;
Den armen Hirten wird vermeldt
Der Hirt und Schöpfer aller Welt.

Lob, Ehr und Dank sei dir gesagt,
Christ, geborn von der reinen Magd,
Mit Vater und dem Heiligen Geist,
Von nun an bis in Ewigkeit.
  Amen.

## 16.
### Komm, Gott Schöpfer, heiliger Geist.
(Der lateinische Hymnus Veni creator spiritus verdeutscht.)
#### 1524.

Komm, Gott Schöpfer, Heiliger Geist,
Besuch das Herz der Menschen dein,
Mit Gnaden sie füll, wie du weißt,
Daß dein Geschöpf vorhin sein.

Denn du bist der Tröster genannt,
Des Allerhöchsten Gabe theur,
Ein geistlich Salb an uns gewandt,
Ein lebend Brunn, Lieb und Feur.

Zünd uns ein Licht an im Verstand,
Gib uns ins Herz der Liebe Brunst,
Das schwach Fleisch in uns, dir bekannt,
Erhalt fest dein Kraft und Gunst.

Du bist mit Gaben siebenfalt
Der Finger an Gotts rechter Hand,
Des Vaters Wort gibst du gar bald
Mit Zungen in alle Land.

Des Feindes List treib von uns fern,
Den Fried schaff bei uns deine Gnad,
Daß wir beim Leiten folgen gern
Und meiden der Seelen Schad.

Lehr uns den Vater kennen wohl,
Dazu Jesum Christ, seinen Sohn,
Daß wir des Glaubens werden voll,
Dich, beider Geist, zu verstohn.

Gott Vater sei Lob und dem Sohn,
Der von den Todten auferstund,
Dem Tröster sei dasselb gethon
In Ewigkeit alle Stund.
   Amen.

### 17.

### Komm, heiliger Geist, Herre Gott.
(Das lateinische Veni sancte spiritus gebessert.)

Komm, Heiliger Geist, Herre Gott,
Erfüll mit deiner Gnaden Gut
Deiner Gläubgen Herz, Muth und Sinn,
Dein brünstig Lieb entzünd in ihn'n.
O Herr durch deines Lichtes Glast
Zu dem Glauben versammelt hast
Das Volk aus aller Welt Zungen,
Das sei dir, Herr, zu Lob gesungen.
Halleluja, Halleluja.

Du heiliges Licht, edler Hort,
Laß uns leuchten des Lebens Wort,
Und lehr uns Gott recht erkennen,
Von Herzen Vater ihn nennen.

O Herr, behüt für fremder Lehr,
Daß wir nicht Meister suchen mehr,
Denn Jesum mit rechtem Glauben
Und ihm aus ganzer Macht vertrauen.
Halleluja, Halleluja!

Du heilige Brunst, süßer Trost,
Nun hilf uns fröhlich und getrost
In beim Dienst beständig bleiben,
Die Trübsal uns nicht abtreiben.
O Herr, durch dein Kraft uns bereit
Und stärk des Fleisches Blödigkeit,
Daß wir hier ritterlich ringen,
Durch Tod und Leben zu dir bringen.
Halleluja, Halleluja!

18.

### Der 128ſte Pſalm:
Wohl dem, der den Herrn fürchtet.
1524.

Wohl dem, der in Gottes Furchte ſteht
Und auch auf ſeinem Wege geht!
Dein eigen Hand dich nähren ſoll,
So lebſt du recht und geht dir wohl.

Dein Weib wird in beim Hauſe ſein
Wie ein Reben voll Trauben fein,
Und dein Kinder um deinen Tiſch
Wie Oelpflanzen, geſund und friſch.

Sieh, ſo reich Segen hangt dem an,
Wo in Gottes Furchte lebt ein Mann;

Von ihm läßt der alt Fluch und Zorn,
Den Menschenkindern angeborn.

Aus Sion wird Gott segnen dich,
Daß du wirst schauen stetiglich
Das Glück der Stadt Jerusalem,
Für Gott in Gnaden angenehm.

Fristen wird er das Leben dein
Und mit Güte stets bei dir sein,
Daß du sehen wirst Kindeskind
Und daß Israel Friede sind.

## 19.

**Mitten wir im Leben sind.**
(Nach dem Lateinischen des Mönchs Notker von St. Gallen.)

Media vita in morte sumus.
1524.

Mitten wir im Leben sind
   Mit dem Tod umfangen:
Wen such'n wir, der Hülfe thu,
Daß wir Gnad erlangen?
   Das bist du, Herr, alleine.
Uns reuet unser Missethat,
Die dich, Herr, erzürnet hat,
Heiliger Herre Gott,
Heiliger starker Gott,
Heiliger barmherziger Heiland,
Du ewiger Gott,

Laß uns nicht versinken
In des bittern Todes Noth.
  Kyrieleison.

Mitten in dem Tod anficht
Uns der Höllen Rachen.
Wer will uns aus solcher Noth
Frei und ledig machen?
 Das bist du, Herr, alleine.
Es jammert dein Barmherzigkeit
Unser Sünd und großes Leid.
Heiliger Herre Gott,
Heiliger starker Gott,
Heiliger barmherziger Heiland,
Du ewiger Gott,
Laß uns nicht verzagen
Für der tiefen Höllen Glut.
  Kyrieleison.

Mitten in der Höllen Angst
Unser Sünd uns treiben:
Wo solln wir denn fliehen hin,
Da wir mügen bleiben?
 Zu dir, Herr Christ, alleine.

Vergossen ist dein theures Blut,
Das gnug für die Sünde thut.
Heiliger Herre Gott,
Heiliger starker Gott,
Heiliger barmherziger Heiland,
Du ewiger Gott,
Laß uns nicht entfallen
Von des rechten Glaubens Trost.
      Kyrieleison.

### 20.
**Der Lobgesang Simeons, des Altvaters:**
Herr, nun lässest du deinen Diener in Frieden fahren.
Luc. 2, 30—32.
1524.

Mit Fried und Freud ich fahr dahin
   In Gottes Wille,
Getrost ist mir mein Herz und Sinn,
Sanft und stille.
   Wie Gott mir verheißen hat:
Der Tod ist mein Schlaf worden.

   Das macht Christus, wahr'r Gottes Sohn,
Der treue Heiland,
Den du mich, Herr, hast sehen lon,
Und macht bekannt,

Daß er sei das Leben
Und Heil in Noth und Sterben.

Den hast du Allen fürgestellt
Mit großen Gnaden
Zu seinem Reich die ganze Welt
Heißen laden
 Durch dein theuer heilsam Wort,
An allem Ort erschollen.

Er ist das Heil und selig Licht
Für die Heiden,
Zurleuchten, die dich kennen nicht,
Und zu weiden.
 Er ist deins Volks Israel
Der Preis, Ehr, Freud und Wonne.

## 21.
### Der christliche Glaube.
#### 1524.

Wir glauben All an einen Gott,
Schöpfer Himmels und der Erden,
Der sich zum Vater geben hat,
Daß wir seine Kinder werden.
Er will uns allzeit ernähren,
Leib und Seel auch wohl bewahren,
Allem Unfall will er wehren,
Kein Leid soll uns widerfahren.
Er sorget für uns,
Hüt't und wacht,
Es steht alles in seiner Macht.

Wir glauben auch an Jesum Christ,
Seinen Sohn und unsern Herren,

Der ewig bei dem Vater ist,
Gleicher Gott von Macht und Ehren,
 Von Maria, der Jungfrauen,
Ist ein wahrer Mensch geboren
Durch den Heilgen Geist im Glauben,
Für uns, die wir warn verloren,
Am Kreuz gestorben
Und vom Tod
Wieder auferstanden durch Gott.

 Wir glauben an den Heilgen Geist,
Gott mit Vater und dem Sohne,
Der aller Blöden Tröster heißt
Und mit Gaben zieret schöne,
 Die ganz Christenheit auf Erden,
Hält in einem Sinn gar eben,
Hie all Sünd vergeben werden,
Das Fleisch soll auch wieder leben.
Nach diesem Elend
Ist bereit
Uns ein Leben in Ewigkeit.
   Amen.

## 22.
### Gott der Vater wohn uns bei.
#### 1524.

Gott der Vater wohn uns bei
Und laß uns nicht verderben,
Mach uns aller Sünden frei
Und helf uns selig sterben.
Für dem Teufel uns bewahr,
Halt uns bei festem Glauben
Und auf dich laß uns bauen,
Aus Herzensgrund vertrauen,
Dir uns lassen ganz und gar,
Mit allen rechten Christen
Entfliehen Teufels Listen,
Mit Waffen Gotts uns fristen.
Amen, Amen, das sei wahr,
So singen wir Halleluja.

Jesus Christus wohn uns bei,
Und laß uns nicht verderben,
Mach uns aller Sünden frei
Und helf uns ewig sterben.
Für dem Teufel uns bewahr,
Halt uns bei festem Glauben
Und auf dich laß uns bauen,
Aus Herzensgrund vertrauen,
Dir uns lassen ganz und gar,
Mit allen rechten Christen
Entfliehen Teufels Listen,
Mit Waffen Gotts uns fristen.
Amen, Amen, das sei wahr,
So singen wir Halleluja.

Heilig Geist der wohn uns bei,
Und laß uns nicht verderben,
Mach uns aller Sünden frei
Und helf uns selig sterben.
Für dem Teufel uns bewahr,
Halt uns bei festem Glauben
Und auf dich laß uns bauen,
Aus Herzensgrund vertrauen,
Dir uns lassen ganz und gar,

Mit allen rechten Christen
Entfliehen Teufels Listen,
Mit Waffen Gotts uns fristen.
Amen, Amen, das sei wahr,
So singen wir Halleluja.

23.

### Der 124ſte Pſalm:
Wo der Herr nicht bei uns wäre.
1524.

———

Wär Gott nicht mit uns dieſe Zeit,
 So ſoll Iſrael ſagen,
Wär Gott nicht mit uns dieſe Zeit,
Wir hätten mußt verzagen,
 Die ſo ein armes Häuflin ſind,
Veracht't von ſo viel Menſchenkind,
Die an uns ſetzen alle.

Auf uns iſt ſo zornig ihr Sinn,
Wo Gott hätt das zugeben,
Verſchlungen hätten ſie uns hin
Mit ganzem Leib und Leben.

Wir wärn als die ein Fluth ersäuft
Und über die groß Wasser läuft
Und mit Gewalt verschwemmet.

Gott Lob und Dank, der nicht zugab,
Daß ihr Schlund uns möcht fangen.
Wie ein Vogel des Stricks kommt ab,
Ist unser Seel entgangen.
 Strick ist entzwei und wir sind frei,
Des Herren Name steht uns bei,
Des Gottes Himmels und Erden.
  Amen.

## 24.
### Nun bitten wir den Heiligen Geist.
#### 1524.

Nun bitten wir den Heiligen Geist
  Um den rechten Glauben allermeist,
  Daß er uns behüte
An unserm Ende,
Wenn wir heimfahren
Aus diesem Elende.
      Kyrieleis.

Du werthes Licht, gib uns deinen Schein
Lehr uns Jesum Christum kennen allein,
  Daß wir an ihm bleiben,
Dem treuen Heiland,
Der uns bracht hat
Zum rechten Vaterland.
      Kyrieleis.

Du süße Lieb, schenk uns deine Gunst,
Laß uns empfinden der Liebe Brunst,
  Daß wir uns von Herzen
Einander lieben,
Und in Friede
Auf einem Sinn bleiben.
      Kyrieleis.

Du höchster Tröster in aller Noth,
Hilf, daß wir nicht fürchten Schand noch Tod,
  Daß in uns die Sinne
Nicht verzagen,
Wenn der Feind wird
Das Leben verklagen.

25.

**Das deutsche Sanctus:**
Heilig, heilig, heilig ist der Herr Zebaoth.
Jesajas 6, 1—4.
1526.

Jesaja dem Propheten das geschah,
Daß er im Geist den Herrn sitzen sah
Auf einem hohen Thron, in hellem Glanz,
Seines Kleides Saum den Chor füllet ganz.
Es stunden zween Seraph bei ihm daran,
Sechs Flügel sah er einen Jeden han,
Mit zween verbargen sie ihr Antlitz klar,
Mit zween bedeckten sie die Füße gar
Und mit den andern zween sie flogen frei.
Gen ander riefen sie mit großem Gschrei:
Heilig ist Gott, der Herre Zebaoth,

Heilig ist Gott, der Herre Zebaoth,
Heilig ist Gott, der Herre Zebaoth,
Sein Ehr die ganze Welt erfüllet hat!
Von dem Gschrei zittert Schwell und Balken gar,
Das Haus auch ganz voll Rauchs und Nebel war.

26.

### Der 46ste Psalm:
Ein feste Burg ist unser Gott.
1529.

Ein feste Burg ist unser Gott,
  Ein gute Wehr und Waffen;
Er hilft uns frei aus aller Noth,
Die uns itzt hat betroffen.
  Der alt böse Feind
  Mit Ernst ers itzt meint,
  Groß Macht und viel List
  Sein grausam Rüstung ist,
Auf Erd ist nicht seins Gleichen.

  Mit unsrer Macht ist nichts gethan,
Wir sind gar bald verloren:
Es streit't für uns der rechte Mann,
Den Gott hat selbs erkoren.

Fragst du, wer der ist?
Er heißt Jesus Christ,
Der Herr Zebaoth,
Und ist kein ander Gott,
Das Feld muß er behalten.

Und wenn die Welt voll Teufel wär
Und wollt uns gar verschlingen,
So fürchten wir uns nicht so sehr,
Es soll uns doch gelingen.
Der Fürst dieser Welt,
Wie saur er sich stellt,
Thut er uns doch nicht,
Das macht, er ist gericht't,
Ein Wörtlein kann ihn fällen.

Das Wort sie sollen lassen stahn
Und kein'n Dank dazu haben,
Er ist bei uns wohl auf dem Plan
Mit seinem Geist und Gaben.
Nehmen sie den Leib,
Gut, Ehr, Kind und Weib,
Laß fahren dahin,
Sie habens kein'n Gewinn,
Das Reich muß uns doch bleiben.

## 27.

### Verleih uns Frieden.

Da pacem Domine (deutsch).

1529.

Verleih uns Frieden gnädiglich,
    Herr Gott, zu unsern Zeiten;
Es ist doch ja kein Andrer nicht,
Der für uns könnte streiten,
Denn du unser Gott alleine.

## 28.

### Der Lobgesang.
(Nach dem Lateinischen des heil. Ambrosius.)

Te Deum laudamus etc.

1529.

---

Herr Gott, dich loben wir,
  Herr Gott, wir danken dir,
Dich, Vater in Ewigkeit,
Ehrt die Welt weit und breit.
All Engel und Himmelsheer
Und was dienet deiner Ehr,
Auch Cherubin und Seraphin
Singen immer mit hoher Stimm:
Heilig ist unser Gott,
Heilig ist unser Gott,
Heilig ist unser Gott,
Der Herre Zebaoth.

Dein göttlich Macht und Herrlichkeit
Geht über Himmel und Erden weit.
Der heiligen zwölf Boten Zahl
Und die lieben Propheten all,
Die theuren Märtrer allzumal
Loben dich, Herr, mit großem Schall.
Die ganze werthe Christenheit
Rühmt dich auf Erden allezeit;
Dich, Gott Vater, im höchsten Thron,
Deinen rechten und einigen Sohn,
Den heiligen Geist und Tröster werth
Mit rechtem Dienst sie lobt und ehrt.


Du König der Ehren, Jesu Christ,
Gott Vaters ewiger Sohn du bist;
Der Jungfrau Leib nicht hast verschmäht,
Zurlösen das menschlich Geschlecht.
Du hast dem Tod zerstört sein Macht
Und all Christen zum Himmel bracht.
Du sitzst zur Rechten Gottes gleich
Mit aller Ehr ins Vaters Reich;
Ein Richter du zukünftig bist
Alles, das todt und lebend ist.

Nun hilf uns, Herr, den Dienern dein,
Die mit beim theurn Blut erlöset sein,
Laß uns im Himmel haben Theil
Mit den Heiligen in ewigem Heil.
Hilf deinem Volk, Herr Jesu Christ,
Und segen, das bein Erbtheil ist,
Wart und pfleg ihr'r zu aller Zeit
Und heb sie hoch in Ewigkeit.
Täglich, Herr Gott, wir loben bich
Und ehrn bein'n Namen stetiglich.
Behüt uns heut, o treuer Gott,
Für aller Sünd und Missethat.
Sei uns gnädig, o Herre Gott,
Sei uns gnädig in aller Noth.
Zeig uns deine Barmherzigkeit,
Wie unser Hoffnung zu bir steht.
Auf dich hoffen wir, lieber Herr,
In Schanden laß uns nimmermehr.
Amen.

## 29.
### Ein Kinderlied auf die Weihenachten vom Kindelein Jesu.
Luc. 2.
1535.

Vom Himmel hoch da komm ich her,
Ich bring euch gute neue Mähr,
Der guten Mähr bring ich so viel,
Davon ich singen und sagen will.

Euch ist ein Kindlein heut geborn,
Von einer Jungfrau auserkorn,
Ein Kindelein so zart und fein,
Das soll eur Freud und Wonne sein.

Es ist der Herr Christ, unser Gott,
Der will euch führn aus aller Noth,
Er will eur Heiland selber sein,
Von allen Sünden machen rein.

Er bringt euch alle Seligkeit,
Die Gott der Vater hat bereit't,
Daß ihr mit uns im Himmelreich
Sollt leben nun und ewigleich.

So merket nun das Zeichen recht:
Die Krippen, Windelein so schlecht,
Da findet ihr das Kind gelegt,
Das alle Welt erhält und trägt.

Deß laßt uns alle fröhlich sein,
Und mit den Hirten gehn hinein,
Zu sehn, was Gott uns hat beschert,
Mit seinem lieben Sohn verehrt.

Merk auf, mein Herz, und sieh dorthin:
Was liegt doch in dem Krippelin?
Weß ist das schöne Kindelin?
Es ist das liebe Jesulin.

Bis willekomm, du edler Gast,
Den Sünder nicht verschmähet hast,
Und kommst ins Elend her zu mir,
Wie soll ich immer danken dir?

Ach Herr, du Schöpfer aller Ding,
Wie bist du worden so gering,
Daß du da liegst auf dürrem Gras,
Davon ein Rind und Esel aß!

Und wär die Welt viel mal so weit,
Von Edelstein und Gold bereit't:
So wär sie doch dir viel zu klein,
Zu sein ein enges Wiegelein.

Der Sammet und die Seiden dein,
Das ist grob Heu und Windelein,
Darauf du Köng so groß und reich
Her prangst, als wärs dein Himmelreich.

Das hat also gefallen dir,
Die Wahrheit anzuzeigen mir:
Wie aller Welt Macht, Ehr und Gut
Für dir nichts gilt, nichts hilft noch thut.

Ach, mein herzliebes Jesulin,
Mach dir ein rein sanft Bettelin,
Zu rugen in meins Herzen Schrein,
Daß ich nimmer vergesse dein.

Davon ich allzeit fröhlich sei,
Zu springen, singen immer frei
Das rechte Susaninne schön,
Mit Herzensluft den süßen Ton.

Lob, Ehr sei Gott im höchsten Thron,
Der uns schenkt seinen einigen Sohn,
Deß freuen sich der Engel Schaar
Und singen uns solchs neues Jahr.

## 30.
## Ein Lied von der heiligen christlichen Kirchen.

Offenbar. Joh. 12, 1—6.
1535.

Sie ist mir lieb, die werthe Magd,
Und kann ihr'r nicht vergessen.
Lob, Ehr und Zucht von ihr man sagt,
Sie hat mein Herz besessen.
 Ich bin ihr hold,
Und wenn ich sollt
Groß Unglück han,
Da liegt nichts an:
Sie will mich deß ergetzen
Mit ihrer Lieb und Treu an mir,
Die sie zu mir will setzen
Und thun all mein Begier.

Sie trägt von Gold so rein ein Kron,
Da leuchten inn zwölf Sterne,

Ihr Kleid ist wie die Sonne schön,
Das glänzet hell und ferne,
  Und auf dem Mond
Ihr Füße stohn,
Sie ist die Braut,
Dem Herrn vertraut,
Ihr ist weh und muß gebären
Ein schönes Kind, den edlen Sohn
Und aller Welt ein'n Herren,
Dem sie ist unterthon.

  Das thut dem alten Drachen Zorn
Und will das Kind verschlingen.
Sein Toben ist doch ganz verlorn,
Es kann ihm nicht gelingen.
  Das Kind ist doch
Gen Himmel hoch
Genommen hin
Und lässet ihn
Auf Erden fast sehr wüthen.
Die Mutter muß gar sein allein,
Doch will sie Gott behüten
Und der recht Vater sein.

## 31.

### Das Vater Unser.
#### 1539.

Vater unser im Himmelreich,
    Der du uns alle heißest gleich
Brüder sein und dich rufen an,
Und willt das Beten von uns han:
    Gib, daß nicht bet allein der Mund,
Hilf, daß es geh von Herzensgrund.

Geheiligt werd der Name dein,
Dein Wort bei uns hilf halten rein,
Daß auch wir leben heiliglich
Nach beinem Namen würdiglich.
    Herr, behüt uns für falscher Lehr,
Das arm verführte Volk bekehr.

Es komm dein Reich zu dieser Zeit
Und dort hernach in Ewigkeit.
Der Heilig Geist uns wohne bei
Mit seinen Gaben mancherlei.
  Des Satans Zorn und groß Gewalt
Zerbrich, für ihm dein Kirch erhalt.

Dein Will gescheh, Herr Gott zugleich
Auf Erden wie im Himmelreich,
Gib uns Geduld in Leidenszeit,
Gehorsam sein in Lieb und Leid:
  Wehr und steur allem Fleisch und Blut,
Das wider deinen Willen thut.

Gib uns heut unser täglich Brod
Und was man darf zur Leibesnoth,
Behüt uns Herr, für Unfried und Streit,
Für Seuchen und für theuer Zeit,
  Daß wir in gutem Frieden stehn,
Der Sorg und Geizes müßig gehn.

All unser Schuld vergib uns, Herr,
Daß sie uns nicht betrüben mehr,
Wie wir auch unsern Schuldigern
Ihr Schuld und Fehl vergeben gern.

Zu dienen mach uns All bereit
In rechter Lieb und Einigkeit.

Führ uns, Herr, in Versuchung nicht,
Wenn uns der böse Geist ansicht,
Zur linken und zur rechten Hand
Hilf uns thun starken Widerstand,
 Im Glauben fest und wohlgerüst't
Und durch des Heilgen Geistes Trost.

Von allem Uebel uns erlös,
Es sind die Zeit und Tage bös.
Erlös uns vom ewigen Tod
Und tröst uns in der letzten Noth;
 Bescher uns auch ein seligs End,
Nimm unser Seel in deine Händ.

Amen, das ist: es werde wahr.
Stärk unsern Glauben immerdar,
Auf daß wir ja nicht zweifeln dran,
Das wir hiemit gebeten han
 Auf dein Wort in dem Namen dein.
So sprechen wir das Amen fein.

### 32.
### Ein geistlich Lied von unsrer heiligen Taufe.
#### 1541.

Christ unser Herr zum Jordan kam
Nach seines Vaters Willen,
Von Sanct Johanns die Taufe nahm,
Sein Werk und Amt zurfüllen.
  Da wollt er stiften uns ein Bad,
Zu waschen uns von Sünden,
Ersäufen auch den bittern Tod
Durch sein selbs Blut und Wunden,
Es galt ein neues Leben.

So hört und merket alle wohl,
Was Gott heißt selbs die Taufe,
Und was ein Christe glauben soll,
Zu meiden Ketzerhaufen:

Gott spricht und will, das Wasser sei
Doch nicht allein schlecht Wasser,
Sein heiligs Wort ist auch dabei
Mit reichem Geist ohn Maßen,
Der ist allhie der Taufer.

Solchs hat er uns beweiset klar
Mit Bilden und mit Worten,
Des Vaters Stimm man offenbar
Daselbs am Jordan hörte.

Er sprach: Das ist mein lieber Sohn,
An dem ich hab Gefallen,
Den will ich euch befohlen han,
Daß ihr ihn höret Alle
Und folget seinem Lehren.

Auch Gottes Sohn hie selber steht
In seiner zarten Menschheit,
Der Heilig Geist hernieder fährt
In Taubenbild verkleidet,
Daß wir nicht sollen zweifeln bran,
Wenn wir getaufet werden,
All drei Person'n getaufet han
Damit bei uns auf Erden
Zu wohnen sich ergeben.

Sein Jünger heißt der Herre Christ:
Geht hin, all Welt zu lehren,
Daß sie verlorn in Sünden ist,
Sich soll zur Buße kehren.

Wer glaubet und sich taufen läßt,
Soll dadurch selig werden,
Ein neugeborner Mensch er heißt,
Der nicht mehr könne sterben,
Das Himmelreich soll erben.

Wer nicht glaubt dieser großen Gnad,
Der bleibt in seinen Sünden,
Und ist verdammt zum ewigen Tod
Tief in der Höllen Grunde.

Nichts hilft sein eigen Heiligkeit,
All sein Thun ist verloren,
Die Erbsünd machts zur Nichtigkeit,
Darin er ist geboren,
Vermag ihm selbs nichts helfen.

Das Aug allein das Wasser sieht,
Wie Menschen Wasser gießen;
Der Glaub im Geist die Kraft versteht
Des Blutes Jesu Christi,
Und ist für ihm eine rothe Fluth

## 116

Von Christus Blut gefärbet,
Die allen Schaden heilen thut,
Von Adam her geerbet,
Auch von uns selbs begangen.

### 33.
### Ein Kinderlied,
zu singen wider die zween Erzfeinde Christi und seiner heiligen Kirchen, den Papst und den Türken.
#### 1541.

Erhalt uns, Herr, bei deinem Wort,
Und steur des Papsts und Türken Mord,
Die Jesum Christum, deinen Sohn,
Wollen stürzen von deinem Thron.

Beweis dein Macht, Herr Jesu Christ,
Der du Herr aller Herren bist:
Beschirm dein arme Christenheit,
Daß sie dich lob in Ewigkeit.

Gott Heilger Geist, du Tröster werth,
Gieb beim Volk einrlei Sinn auf Erd,
Steh bei uns in der letzten Noth,
G'leit uns ins Leben aus dem Tod.

## 34.

### Was fürcht'st du, Feind Herodes.

(Aus dem Lateinischen des Coelius Sedulius.)

Herodes, hostis impie etc.

**1541.**

---

Was fürchst du, Feind Herodes, sehr,
Daß uns geborn kommt Christ der Herr?
Er sucht kein sterblich Königreich,
Der zu uns bringt sein Himmelreich.

Dem Stern die Weisen folgen nach,
Solch Licht zum rechten Licht sie bracht,
Sie zeigen mit den Gaben drei,
Dies Kind Gott, Mensch und König sei.

Die Tauf im Jordan an sich nahm
Das himmelische Gotteslamm,
Dadurch, der nie kein Sünde that,
Von Sünden uns gewaschen hat.

Ein Wunderwerk da neu geschah:
Sechs steinern Krüge man da sah
Voll Wassers, das verlor sein Art,
Rother Wein durch sein Wort draus ward.

Lob, Ehr und Dank sei dir gesagt,
Christe, geborn von der reinen Magd,
Mit Vater und dem Heiligen Geist,
Von nun an bis in Ewigkeit.
    Amen.

## 35.

**Ein geistlich Lied auf die Weihenachten.**

Im Ton: Vom Himmel hoch ꝛc.
1543.

Vom Himmel kam der Engel Schaar,
Erschien den Hirten offenbar,
Sie sagten ihn'n: ein Kindlein zart
Das liegt dort in der Krippen hart,

Zu Bethlehem in Davids Stadt,
Wie Micha das verkündet hat.
Es ist der Herre Jesus Christ,
Der euer aller Heiland ist.

Deß sollt ihr billig fröhlich sein,
Daß Gott mit euch ist worden ein;
Er ist geborn eur Fleisch und Blut,
Eur Bruder ist das ewig Gut.

Was kann euch thun die Sünd und Tod?
Ihr habt mit euch den wahren Gott,
Laßt zürnen Teufel und die Höll:
Gotts Sohn ist worden eur Gesell.

Er will und kann euch lassen nicht,
Setzt ihr auf ihn eur Zuversicht.
Es mögen euch viel fechten an:
Dem sei Trotz, ders nicht lassen kann.

Zuletzt müßt ihr doch haben recht,
Ihr seid nun worden Gotts Geschlecht,
Deß danket Gott in Ewigkeit,
Gedulbig, fröhlich alle Zeit.
  Amen.

36.

### Abendlied.
(Nach dem Lateinischen des heil. Ambrosius.)
O lux, beata trinitas etc.
1543.

---

Der du bist drei in Einigkeit,
 Ein wahrer Gott von Ewigkeit:
Die Sonn mit dem Tag von uns weicht,
Laß leuchten uns dein göttlich Licht.

Des Morgens, Gott, dich loben wir,
Des Abends auch beten für dir,
Unser armes Lied rühmet dich
Itzund immer und ewiglich.

Gott Vater, dem sei ewig Ehr,
Gott Sohn, der ist der einig Herr,
Und dem Tröster, Heiligen Geist,
Von nun an bis in Ewigkeit.
 Amen.

## Anmerkungen.

**1.**

"Die Wittembergisch Nachtigall,
Die man yetzt höret überall."

Hans Sachs. 1523.

"Wach auff, es nahend gen den Tag,
Ich hör singen im grünen Hag
Ein wunnigkliche Nachtigal,
Ihr stimb durchklinget Berg und Thal,
Die Nacht neigt sich gen Occident,
Der Tag geht auff von Orient,
Die rotbrünstige Morgenröt
Her durch die trüben Wolken geht,
Darauß die liechte Sonn thut plicken,
Deß Mondes Schein thut sich verdrücken,
Der ist jetzt worden bleich und finster." —

Derselbe.

**2.**

Luthers Lieder sind nach der Zeitfolge ihrer Entstehung oder ihres ersten Drucks geordnet.

3.

Der Wortlaut ist nach Philipp Wackernagel gegeben (Martin Luthers geistliche Lieder. Stuttgart bei Samuel Gottlieb Liesching, 1848), lediglich in der Rechtschreibung dem heutigen Brauch angenähert. Durch eine Besserung am Text wollte man sich im Jubeljahr an Luther nicht versündigen. Wer ihn ganz genießen will, muß ihn lesen wie er sprach und schrieb. Und ihn so zu lesen ist gar nicht schwer.

4.

Weggeblieben ist von Wackernagels 37 Liedernummern nur die ältere Form von Nummer 3: „Aus tiefer Noth"; weil sie mit der umgearbeiteten, abgesehen von dem in dieser eingefügten weitern Vers, fast gleich lautet.